DANIELE ANGELLOTTI

MONEY MANAGEMENT PER IL FOREX

Come Impostare un'Operatività che Garantisca la Profittabilità nel Lungo Periodo

Titolo

"MONEY MANAGEMENT PER IL FOREX"

Autore

Daniele Angellotti

Editore

Bruno Editore

Sito internet

http://www.brunoeditore.it

Sommario

Introduzione

Non c'è alcun dubbio che il mercato del Forex rappresenti una realtà assolutamente attraente per molte persone. Come però tristemente noto, sembra che le stime dei trader perdenti siano piuttosto pesanti. Al di là del dato in sé, chi si avvicina al trading ha bisogno di comprendere l'ambiente in cui intende operare così come quando si avvicina per la prima volta a una qualunque attività che non conosce.

Il Forex coinvolge molteplici aspetti della vita: il lato emotivo, in primo luogo, il lato caratteriale, il rispetto e la cura per quello che si sta facendo e lo stile di vita stesso. Essere profittevoli nel Forex e farne una professione o, comunque, uno strumento per migliorare il proprio stato economico, non è così semplice come si vorrebbe far credere. Ma con le giuste armi e la giusta conoscenza è possibile capire molto di se stessi e iniziare a guardare al trading con occhi completamente diversi rispetto al passato.

Impostare un piano di trading vero e proprio, con tutte le accortezze del caso, è il primo passo per diventare professionisti del Forex e per cercare di aspirare a grandi obiettivi. È necessario considerare il trading come una sorta di impresa di cui si è il responsabile. Non bisogna dimenticarlo.

Attraverso il trading sul Forex è possibile ottenere tanto, davvero tanto, ma bisogna essere disposti a comprendere i giusti strumenti e gli aspetti davvero essenziali per operare. Il **money management** e la **gestione del rischio** sono alcuni di questi e renderanno il trading un'attività redditizia e solida, con la quale puntare alla tanto desiderata libertà finanziaria. Senza di essi, non si può dire davvero di avere il controllo su quello che si sta facendo e, probabilmente, non si riuscirà ad andare avanti nel lungo periodo.

Ovviamente, il Forex rappresenta soltanto uno dei possibili ingredienti per uscire dalla nota "corsa del topo". Ma, siamo sinceri, si tratta di una delle attività più stimolanti in assoluto per ciò che offre e per le possibilità che ci mette di fronte.

CAPITOLO 1:

Come controllare il rischio

In questo capitolo voglio farti comprendere come sia importante controllare il rischio, spiegarti due classiche tecniche di gestione del proprio account e confrontarle. Voglio premettere che ci sono numerose strategie per il controllo del rischio, spesso anche piuttosto complesse. Ma, in realtà, non ti servirà scegliere strade difficili. Piuttosto, scoprirai quanto la semplicità, nel trading, sia un'arma assolutamente efficace. Una delle prime verità che devi sapere è che nel Forex, così come nel trading in generale, **la tecnica da sola non basta**. Tutt'altro. In realtà, la strategia che si segue, costituisce soltanto una parte della propria operatività.

SEGRETO n. 1: la strategia è soltanto una parte della professione del trader. In realtà intervengono numerosi altri fattori. Per questo è importante possedere un piano d'azione completamente definito.

Controllare il rischio è uno dei fattori più importanti se vuoi diventare un **professionista del trading nel Forex**. Non è difficile capire il perché. Devi sapere che recuperare una perdita, specie se consistente, rappresenta un'operazione difficile. Ed è la stessa matematica a dimostrarlo. Nella tabella che ti mostro di seguito sono elencate le performance necessarie per recuperare una data perdita percentuale.

PERDITA	PRESTAZIONE RICHIESTA
10%	11.11%
20%	25%
30%	42.85%
40%	66.66%
50%	100%
60%	150%
70%	233%
80%	400%
90%	900%
100%	Conto azzerato

Tabella 1: performance richiesta per recuperare una perdita

Come puoi notare, anche solo per recuperare una perdita del 30%

è necessario ottenere una performance del 42.85%. E lascia che lo sottolinei, soltanto per tornare in pari senza guadagnare assolutamente nulla.

SEGRETO n. 2: generalmente, il trader perdente si concentra soprattutto sulla cifra che potrà guadagnare se un trade andrà bene. Un trader professionista, si preoccuperà principalmente del rischio che si sta assumendo con una singola operazione.

La matematica è noiosa, lo so, ma voglio dimostrarti questo risultato in modo che tu ti convinca che il controllo del rischio è una componente **assolutamente fondamentale**. Supponi di possedere un conto da 1.000 dollari e di subire una perdita del 30%. La perdita ammonterebbe evidentemente a:

$$1.000\ dollari * 30\% = 300\ dollari$$

e porterebbe il conto a

$$1.000\ dollari - 300\ dollari = 700\ dollari$$

A questo punto, per tornare in pareggio, non sarebbe sufficiente un profitto pari alla perdita (30%). Infatti:

$$700 + 30\% = 700 + 210 = 910\,dollari$$

ma richiederebbe un profitto proprio pari a:

$$100 - 30 * 30 = 42{,}85\%$$

Infatti:

$$700 + 42{,}85\% = 1.000\,dollari$$

Ora, non concentrarti sulla formula. Non è importante. Quello che conta è il concetto.

SEGRETO n. 3: il rischio deve essere controllato perché espone il trader a situazioni difficili da recuperare.

Confrontiamo ora due tecniche di gestione del rischio diverse. La prima consiste nel rischiare in ogni trade una quantità in denaro fissa, pari a una certa **percentuale del saldo iniziale**. Per capire, è utile un esempio.

Supponi di avere un conto da 5.000 dollari e di voler rischiare, per ogni singolo trade, il 5% del conto iniziale. Nel caso specifico, rischieresti 250 dollari in ogni operazione.

Supponi che la tua strategia ti consenta di guadagnare il doppio del rischio in caso di vincita. Questo significa che, in caso di perdita il tuo conto scenderà di 250 dollari mentre in caso di vincita, salirà di 500, il tutto indipendentemente dal capitale cui sei arrivato. Capirai meglio questo concetto più avanti. Per ora cerca di seguire il mio ragionamento.

Guarda ora cosa accade ipotizzando 20 trade casuali. Nella tabella seguente, una *t* indica che l'operazione è vincente (target) e una *s* che è perdente (stop loss).

Trade	Rischio	Vincita	Risultato	Account
1	250	500	t	5.500
2	250	500	t	6.000
3	250	500	s	5.750
4	250	500	t	6.250
5	250	500	s	6.000
6	250	500	t	6.500
7	250	500	t	7.000
8	250	500	t	7.500
9	250	500	s	7.250
10	250	500	t	7.750
11	250	500	s	7.500
12	250	500	t	8.000
13	250	500	t	8.500
14	250	500	s	8.250
15	250	500	t	8.750
16	250	500	s	8.500
17	250	500	t	9.000
18	250	500	t	9.500
19	250	500	s	9.250
20	250	500	t	9.750

Tabella 2: risultato di 20 trade con rischio in percentuale rispetto al saldo iniziale (gestione del rischio fissa)

Ci sono diverse considerazioni da fare su questo approccio. Ti spiego alcuni suoi limiti:

- visto che il tuo guadagno, in caso di vincita di un trade, è sempre lo stesso, è difficile raggiungere cifre elevate in tempi ragionevolmente brevi a meno di non rischiare molto;
- una serie di perdite consecutive può seriamente compromettere il tuo conto.

Questa strategia ha anche un vantaggio evidente: è semplice da seguire perché non richiede alcun calcolo se non quello iniziale. Ma questo vantaggio, nella mia esperienza, è insufficiente a giustificare questo approccio, perlomeno nei casi più comuni. Guarda, infatti, come il conto può scendere pericolosamente. Continuando l'esempio di prima, dopo 10 trade persi, il conto si è dimezzato mentre dopo 20 trade consecutivi perdenti, il conto si azzera (caso peggiore in assoluto).

Trade	Rischio	Vincita	Risultato	Account
1	250	500	s	4.750
2	250	500	s	4.500
3	250	500	s	4.250
4	250	500	s	4.000
5	250	500	s	3.750
6	250	500	s	3.500
7	250	500	s	3.250
8	250	500	s	3.000
9	250	500	s	2.750
10	250	500	s	2.500
11	250	500	s	2.250
12	250	500	s	2.000
13	250	500	s	1.750
14	250	500	s	1.500
15	250	500	s	1.250
16	250	500	s	1.000
17	250	500	s	750
18	250	500	s	500
19	250	500	s	250
20	250	500	s	-

Tabella 3: risultato di 20 trade perdenti consecutivi (gestione del rischio fissa)

SEGRETO n. 4: il trader professionista è preparato allo scenario peggiore che può presentarsi. Per questo scopo, utilizza un serio piano di money management e gestione del rischio.

Qualora, però, ti piacesse questo modo di gestire il tuo account, potresti, ad esempio, ricalcolare il rischio ogni volta che incrementi il conto di una certa quantità. In questo modo, il conto potrà salire più velocemente ma, bada bene, i difetti essenziali di questa politica, restano.

Ad esempio, potresti decidere che il ricalcolo debba avvenire a ogni incremento di 2.000 dollari. Quindi, quando il conto arriva a 7.000 dollari (5.000 + 2.000), il tuo rischio potrebbe diventare di 350 dollari (sempre il 5% ma su 7.000) e il tuo potenziale profitto 700 dollari (il doppio del rischio). Ripeto, in questo modo il metodo diventa più efficiente ma continua a soffrire di difetti piuttosto importanti.

Ora ti spiego un altro approccio di cui capirai l'efficacia. Considera lo stesso conto da 5.000 dollari e immagina che tu decida di rischiare il 5% **del saldo attuale (o residuo)** per trade. Anche in questo scenario assumi che, in caso di vittoria, il saldo si incrementi del doppio rispetto al rischio. Guarda cosa accade considerando lo stesso numero di vincite e perdite del caso precedente:

Trade	Rischio	Vincita	Risultato	Account
1	250	500	t	5.500
2	275	550	t	6.050
3	303	605	s	5.748
4	287	575	t	6.322
5	316	632	s	6.006
6	300	601	t	6.607
7	330	661	t	7.267
8	363	727	t	7.994
9	400	799	s	7.594
10	380	759	t	8.354
11	418	835	s	7.936
12	397	794	t	8.730
13	436	873	t	9.603
14	480	960	s	9.123
15	456	912	t	10.035
16	502	1.003	s	9.533
17	477	953	t	10.487
18	524	1.049	t	11.535
19	577	1.154	s	10.958
20	548	1.096	t	12.054

Tabella 4: risultato di 20 trade con rischio in percentuale rispetto al saldo residuo (gestione del rischio adattativa)

Puoi notare che:

- a parità di condizioni, il totale accumulato dopo 20 trade è nettamente maggiore rispetto al caso precedente;
- la possibilità di danneggiare seriamente il conto o di azzerarlo

è particolarmente bassa (vedi tabella successiva);

- più il conto si decrementa, più questa strategia consente di rischiare meno (in termini di valuta). Si adatta dunque alla condizione attuale;
- l'aumento del conto produce una **crescita esponenziale** dello stesso grazie al fatto che vengono aperte posizioni progressivamente maggiori, mantenendo contestualmente il rischio inalterato.

Ovviamente, anche questo approccio ha almeno un paio di difetti. In primo luogo, costringe il trader a calcolare "continuamente" il rischio da correre per un singolo trade in base a quanto ammonta il conto in quel momento.

In secondo luogo, è difficile operare in questo modo se la propria tecnica richiede estrema velocità (scalping, per esempio) a meno di utilizzare script o indicatori che consentano di inserire, in breve, ordini sul mercato caratterizzati dalle corrette impostazioni. Credimi, i vantaggi di questo approccio sono molto più importanti degli eventuali svantaggi. E ne diventerai consapevole leggendo il resto di questo capitolo.

Guarda, infatti, cosa accade nel caso di trade perdenti consecutivi:

Trade	Rischio	Vincita	Risultato	Account
1	250	500	s	4.750
2	238	475	s	4.513
3	226	451	s	4.287
4	214	429	s	4.073
5	204	407	s	3.869
6	193	387	s	3.675
7	184	368	s	3.492
8	175	349	s	3.317
9	166	332	s	3.151
10	158	315	s	2.994
11	150	299	s	2.844
12	142	284	s	2.702
13	135	270	s	2.567
14	128	257	s	2.438
15	122	244	s	2.316
16	116	232	s	2.201
17	110	220	s	2.091
18	105	209	s	1.986
19	99	199	s	1.887
20	94	189	s	1.792

Tabella 5: risultato di 20 trade perdenti consecutivi (gestione del rischio adattativa)

Come puoi notare, non solo il rischio in termini di dollari va progressivamente diminuendo ma, soprattutto, dopo ben 20 trade consecutivi in perdita, ci sono ancora sul conto quasi 1.800 dollari. Bisogna aggiungere altro?

SEGRETO n. 5: è importante rischiare meno (in termini di valuta) quando si sta perdendo e aumentare l'esposizione in caso di vittoria. In termini percentuali, bada bene, si sta sempre rischiando lo stesso. Quindi, stiamo controllando perfettamente il rischio.

Per concludere questa parte del discorso, voglio mostrarti come varia la equity line (il tuo conto) utilizzando la stessa strategia ma facendo affidamento prima alla gestione del rischio fissa e poi a quella adattativa. Ipotizza un saldo iniziale di 1.000 dollari. Il primo grafico è relativo a una gestione del rischio fissa che prevede 50 dollari in caso di perdita e altrettanti in caso di vittoria. In sostanza, il rischio è fissato al 5% del saldo iniziale e rimane fisso durante tutta l'operatività.

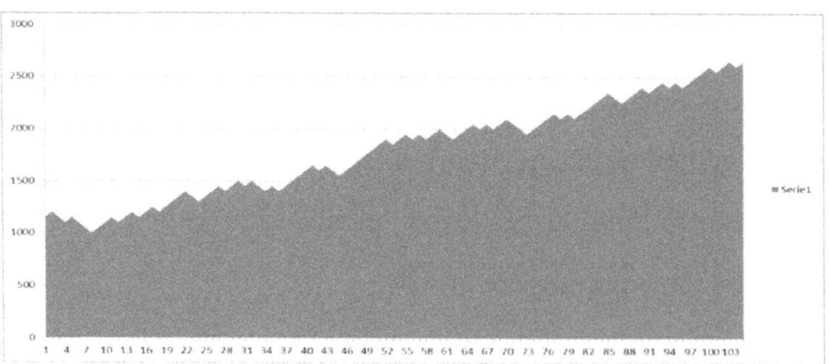

Dopo poco più di 100 operazioni, il conto è salito a circa 2.600 dollari. Non male. La *equity* è piuttosto omogenea ed è costantemente in salita. Considera che il trading system che stiamo ipotizzando ha una accuratezza del 60-65%.

Questo significa che, mediamente, consente di vincere 60-65 trade su 100. Si tratta, dunque, di una strategia facilmente implementabile. Non si tratta di un trading system "magico", di quelli che ti promettono milioni di dollari in pochi mesi. Guarda ora cosa accadrebbe se decidessi di utilizzare la gestione del rischio adattativa. Considera che la *equity line* che ti sto per mostrare è relativa allo stesso trading system di prima. L'unica cosa che è cambiata è la gestione. Niente di più. Ma la differenza appare evidente, non trovi?

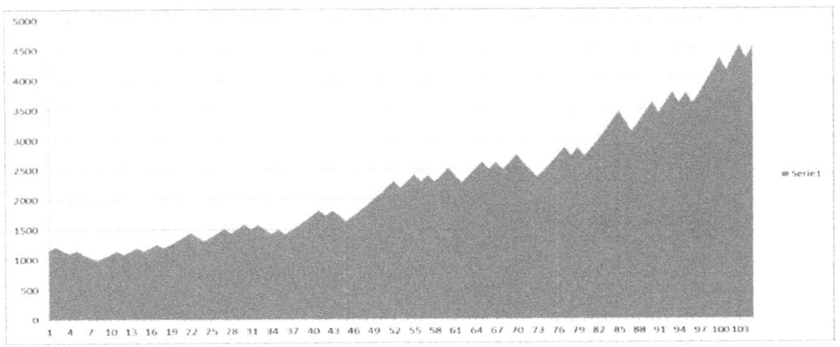

In questo caso, il conto è passato dai 1.000 dollari iniziali a circa 4.500 dollari. Voglio ripeterlo: la differenza, rispetto al caso precedente, è data esclusivamente dalla gestione del rischio, non dalla strategia.

Ora che hai capito che la **gestione del rischio adattativa** è particolarmente indicata per perseguire risultati importanti e stabili nel lungo periodo, devi pensare a qual è, secondo te, il **grado di rischio** che ti senti di assumere per il singolo trade.

Difficile dare una risposta univoca. Posso però indicarti una certa suddivisione di massima che potrebbe aiutarti a decidere. Possiamo considerare il grado di rischio in base alla percentuale che decidi di dedicare al singolo trade:

- ultra-conservativo < 1%;
- conservativo 1-2 %;
- moderato 3%;
- aggressivo 4-5%;
- molto aggressivo > 5%.

Il mio consiglio è di rischiare dall'1 al 3% per singolo trade e non andare oltre. Scegli tu la percentuale che più si adatta al tuo stile e al tuo carattere. Un altro consiglio è di non aprire contemporaneamente un numero di posizioni tali da farti esporre per più del 6-8%. In questo modo, riuscirai a gestire meglio anche i singoli trade. Ad esempio, se hai deciso di rischiare il 2% per ogni trade, non dovresti mai avere aperte più di 3-4 operazioni contemporaneamente.

RIEPILOGO DEL CAPITOLO 1:

- SEGRETO n. 1: La strategia è soltanto una parte della professione del trader. In realtà intervengono numerosi altri fattori. Per questo è importante possedere un piano d'azione completamente definito.
- SEGRETO n. 2: Generalmente, il trader perdente si concentra soprattutto sulla cifra che potrà guadagnare se un trade andrà bene. Un trader professionista si preoccuperà principalmente del rischio che si sta assumendo con una singola operazione.
- SEGRETO n. 3: Il rischio deve essere controllato perché espone il trader a situazioni difficili da recuperare.
- SEGRETO n. 4 : Il trader professionista è preparato allo scenario peggiore che può presentarsi. A questo scopo, utilizza un serio piano di money management e gestione del rischio.
- SEGRETO n. 5: È importante rischiare meno (in termini di valuta) quando si sta perdendo e aumentare l'esposizione in caso di vittoria. In termini percentuali, bada bene, si sta sempre rischiando lo stesso. Quindi, stiamo controllando perfettamente il rischio.

CAPITOLO 2:
Come impostare un corretto money management

Ora che ti è chiaro quanto sia importante controllare il rischio e che hai deciso quale sia il grado di rischio a te più congeniale, non ci resta altro da fare che capire come applicare questo concetto nella pratica. Il **money management** si occupa di stabilire con quanti lotti devi entrare a mercato per una singola operazione al fine di rispettare il grado di rischio previsto.

SEGRETO n. 7: il money management ti consente di essere fedele al grado di rischio che hai deciso di assumerti durante un trade.

Se hai acquistato questo corso, il concetto di **lotto** ti sarà probabilmente familiare. In caso contrario, consideralo l'unità di misura delle posizioni che possono essere aperte nel trading sul Forex. La domanda cui vogliamo rispondere è: «Con quanti lotti posso entrare a mercato in base allo stop loss che la mia strategia mi propone in modo da rischiare, al massimo, la cifra o la percentuale desiderata?»

Sembrerebbe una domanda banale ma, in realtà, nasconde uno dei concetti più importanti nel trading, ossia il concetto di **esposizione**. Senza un'adeguata politica di money management è piuttosto semplice commettere errori grossolani che possono portare irrimediabilmente alla chiusura del conto o, comunque, a perdite particolarmente difficili da recuperare.

Per chiarire, come al solito, è utile un esempio pratico: supponi di avere un conto da 2.000 dollari e di aprire, senza alcuna logica, una posizione da 4 lotti sfruttando la leva 1:200 offerta dal broker (non chiarisco il concetto di leva perché ipotizzo tu ne conosca il significato e perché esula dallo scopo di questo corso). Questo significa che hai deciso di andare a mercato con 400.000 dollari pur disponendo di un saldo di appena 2.000 dollari.

Ha senso? In queste condizioni, ogni Pip del mercato (considera il Pip l'unità di misura del movimento del prezzo) produrrebbe un profitto o una perdita di:

$$4\ lotti * 10\frac{USD}{PIP} = 40\ USD/PIP$$

(sto ipotizzando un Pip Value di 10 dollari/Pip, dove ad ogni Pip corrisponde una variazione in valuta di 10 dollari). Questo significa che sarebbe sufficiente un movimento contrario di mercato di appena

$$40\ USD/PIP = 50\ PIP$$

per bruciare il conto. Non sto scherzando, in linea teorica potresti bruciare il conto nel giro di poche decine di minuti. Capisci bene, dunque, perché sia essenziale entrare a mercato con una esposizione (lot size) adeguata al grado di rischio deciso. Aprire una posizione casualmente è quanto di più deleterio possa esserci.

Prima di tornare alla domanda con cui ci siamo lasciati, permettimi di sottolineare che, purtroppo, lo **stop loss** viene considerato un male da molti trader dilettanti. In realtà, è una barriera invalicabile contro le potenziali perdite. Sostanzialmente si tratta di un livello di prezzo che tu stesso decidi in base a varie considerazioni, raggiunto il quale il broker chiude automaticamente la tua posizione in perdita evitando che quest'ultima diventi incontrollata.

Per fare un esempio, ipotizziamo di aver aperto una posizione LONG su EURUSD a 12500 e di aver impostato un target a 12550 (50 Pip) e lo stop loss a 12470 (30 Pip).

Se il prezzo dovesse andare in direzione contraria alla posizione aperta e scendesse fino a 12470, il trade verrebbe automaticamente chiuso con una perdita di 30 Pip evitando che, una ulteriore discesa del prezzo, provochi perdite ancora più consistenti. Ricorda che lo stop loss, così come il target, è un parametro che viene inviato direttamente al broker quando tu lo inserisci in piattaforma.

Questo significa che puoi anche spegnere il tuo personal computer perché, se le condizioni sussisteranno, penserà il broker a chiudere la posizione, in perdita o in profitto a seconda di come è andato il trade.

SEGRETO n. 8: lo stop loss costituisce un'importante arma nell'arsenale di un trader professionista. Esso impedisce alle perdite di essere incontrollabili. Permette, inoltre, di decidere a priori la perdita massima che si è disposti a rischiare.

Uno degli errori più gravi di un principiante, consiste nel pensare che la perdita dipenda dal numero di Pip rappresentati dallo stop loss. Ossia, si pensa spesso che maggiore è lo stop loss maggiore è il rischio e la potenziale perdita cui ci si espone. Non è vero.

Il Forex consente di controllare il rischio in maniera precisa. La maggior parte dei broker permette anche l'uso dei micro lotti. In questo modo, è possibile decidere il numero di lotti (trading size o lot size) con cui entrare a mercato, in maniera molto fine.

In poche parole, l'entità dello stop loss andrebbe definita sulla base di ragionamenti legati all'analisi tecnica o, comunque, in base alla strategia che si sta utilizzando. La procedura corretta consiste nel valutare lo stop loss imposto dal proprio trading system e, solo successivamente, definire il numero di lotti che permettono di contenere la perdita entro il profilo di rischio scelto. *Non* viceversa!

SEGRETO n. 9: lo stop loss deve essere fornito dalla propria strategia e non dal grado di rischio che s'intende accettare. Sarà l'esposizione (numero di lotti) lo strumento con il quale regolare il tutto attraverso le regole del money management.

In pratica, più lo stop è ampio, minore dovrà essere l'esposizione ossia il numero di lotti con cui si entra a mercato. Ad esempio:

Stop loss: 50 pip	Lot Size: 0.1	Perdita potenz.: 50 dollari
Stop loss: 100 pip	Lot Size: 0.05	Perdita potenz.: 50 dollari

Tornando alla domanda con cui abbiamo iniziato questo capitolo, esiste una formula, apparentemente complessa, per determinare il lot size dell'operazione ed è la seguente:

$pip * pip\ value$

dove:

- RP%: Risk Profile (profilo di rischio in percentuale);
- Pip Value: valore in valuta di un singolo Pip.

Ricorda che è importante mantenere il Pip Value e il Saldo omogenei dal punto di vista della valuta considerata (euro o dollari). Per capire, facciamo adesso le seguenti ipotesi:

- **capitale:** 10.000 dollari;
- **perdita massima fissata (RP%):** 3%.

Supponi che il trading system che stai utilizzando ti imponga uno stop loss di 50 Pip e che il cambio su cui si stai operando sia caratterizzato da un Pip Value di (ad esempio EURUSD). Sotto queste ipotesi si avrà:

$$50 * 10{,}00 = 0{,}6\ lotti$$

Questo significa che, volendo entrare sul mercato con uno stop di 50 pip, rischiando, al massimo, il 3% su un conto di 10.000 dollari, è necessario aprire una posizione pari, al massimo, a 0.6 lotti (6 mini lotti).
Per semplificare i calcoli, è possibile ricorrere alla seguente formula approssimata, piuttosto semplice e pratica

$$pip * 10$$

oppure utilizzare uno strumento come questo: http://www.truemoneymanagement.com/calculator.

In sostanza, quello che stiamo facendo, è assolutamente semplice. Quando moltiplichi il saldo del tuo account per il RP%, stai calcolando la perdita massima, espressa in valuta, che sei disposto a rischiare.

Moltiplicare poi lo stop loss (in Pip) per il Pip Value (espresso in valuta/Pip), significa calcolare la perdita, in valuta, cui ti espone lo stop loss. Fare il rapporto tra questi due valori, ti consente di ottenere il numero di lotti necessari per rispettare le condizioni. Niente di più. Tutto molto semplice, non trovi? Se dovessi avere ancora qualche dubbio, rileggi questi paragrafi e fai qualche prova. Vedrai che diventerà tutto assolutamente naturale tra qualche tempo.

Comincia, pian piano, a delinearsi una grande verità: molto spesso, non è la strategia che rende perdente un trader. Piuttosto, il suo approccio psicologico e l'assenza di un controllo del rischio e di un adeguato piano di money management. Forse fino ad oggi non avevi considerato, nella giusta prospettiva, questi concetti che, in realtà, si dimostreranno vincenti nel lungo periodo.

SEGRETO n. 10: una delle principali cause del fallimento di un trader è l'assenza di un rigoroso piano di money management e del controllo del rischio.

Occorre anche sottolineare un altro aspetto nient'affatto trascurabile. Questi fattori, oltre a garantire il mantenimento di un conto anche a fronte di diversi trade negativi, svincolano psicologicamente il trader da un'eventuale perdita. Il professionista, sin dal principio, **sa esattamente quanto potrebbe perdere** per il singolo trade. Tale perdita è decisa da lui

prima ancora di entrare sul mercato e in base alle sue esigenze e al grado di rischio che intende assumersi.

Lo scopo di questo corso è di darti una panoramica degli strumenti necessari per lavorare nel trading in maniera professionale, al di là della tecnica che deciderai di seguire. Ma, uno degli aspetti più importanti, è sicuramente quello psicologico che incide notevolmente sull'intera carriera di un trader, soprattutto nelle sue fasi iniziali, anche se, probabilmente, non ci hai pensato finora.

Tutte queste considerazioni mi permettono anche di farti riflettere su un dettaglio molto importante che riguarda la pratica. Lavorare con *timeframe* elevati (H4 o Daily, ad esempio) potrebbe apparire una politica pericolosa, in quanto impone generalmente stop loss più ampi.

Questa è una delle osservazioni che, molto spesso, vengono tirate in ballo da chi si avvicina al mondo del Forex per la prima volta. In realtà, in base a quanto abbiamo detto fin qui riguardo all'esposizione e al money management, questo non è più vero in quanto a stop loss più ampi corrisponderà un numero di lotti minore (minore esposizione) in modo che, comunque, il rischio massimo rientri nel valore stabilito a priori (profilo di rischio).

Il rischio, dunque, in ultima analisi, **non dipende più dall'entità dello stop loss**. Questo si traduce nel fatto che la scelta di un timeframe piuttosto di un altro è svincolata dal grado di rischio cui il timeframe stesso sembrerebbe esporre il trader.

Saranno eventualmente altri dettagli a far optare per un determinato timeframe (ad esempio impegni personali, stress, preferenze ecc.).

Il money management, dunque, ti fornisce anche la possibilità di **lavorare in qualunque timeframe** tu preferisca, senza alcuna preoccupazione. Facendo un breve sunto della situazione, hai imparato che la gestione del conto è, probabilmente, prioritaria rispetto anche alla tecnica da utilizzare (sebbene anche quest'ultima sia evidentemente importante). Hai acquisito e stai acquisendo delle armi dall'elevato potenziale, che grazie al tuo impegno potranno trasformarsi letteralmente in strumenti per conquistare la libertà finanziaria.

Gettare le basi ti permetterà ora di evitare errori importanti e limitare le perdite, anche consistenti, ad essi associate. È un grande vantaggio, non trovi? Decidere di informarti su questi concetti è un'iniziativa che non mancherà di produrre i suoi frutti, stanne certo, a patto che tu metta il giusto impegno e determinazione per affrontare il trading in maniera professionale.

L'obiettivo, ovviamente nel corso del tempo, è quello di produrre una equity line con un andamento simile a questo:

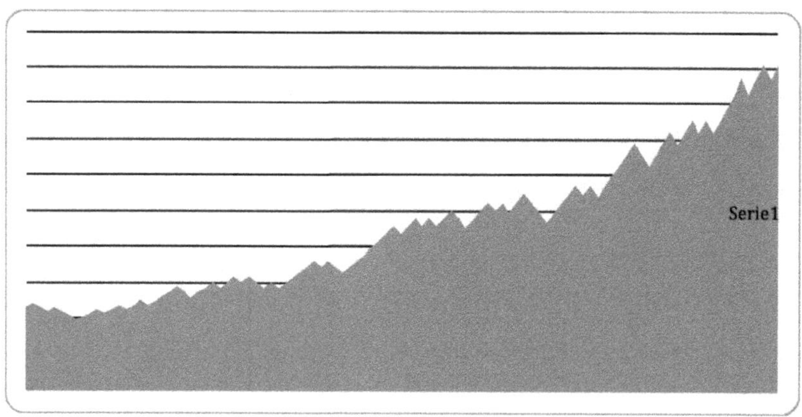

Figura 1: equity line con controllo del rischio corretto

Come puoi notare ci sono delle perdite, è inevitabile. Anzi, colgo l'occasione per sottolinearlo, se ancora non fosse chiaro: **le perdite fanno parte del trading** e ne sono una parte **inevitabile**. Il tuo obiettivo non è quello di cercare un trading system vincente al 100%: se stai cercando qualcosa del genere, il "Sacro Graal" del Forex, stai perdendo tempo. Ma se hai acquistato un corso come questo sul controllo del rischio e sul money management, allora vuol dire che hai capito perfettamente che devi lavorare su qualcos'altro per essere davvero profittevole. Tornando al grafico, noti che, non solo il conto sta crescendo progressivamente, ma lo fa anche con una certa regolarità e omogeneità.

Inoltre, le perdite che si incontrano strada facendo non sono tali da compromettere il proprio lavoro. Te ne accorgi facilmente guardando come il grafico tende a crescere. Quest'aspetto, se ci pensi un attimo, è davvero importante, perché durante la propria attività di trading è essenziale anche salvaguardare quello che potrebbe essere definito "capitale psicologico", ossia le proprie certezze, la fiducia nel proprio trading system e la consapevolezza che si sta operando in maniera professionale e rigorosa, senza giocare.

Per farti capire che sei sulla buona strada, voglio mostrarti anche il grafico di un conto che, pur partendo da 1.000 dollari come quello precedente, utilizza una gestione del rischio praticamente assente o, comunque, impostata in modo scorretto. La differenza è notevole, non trovi?

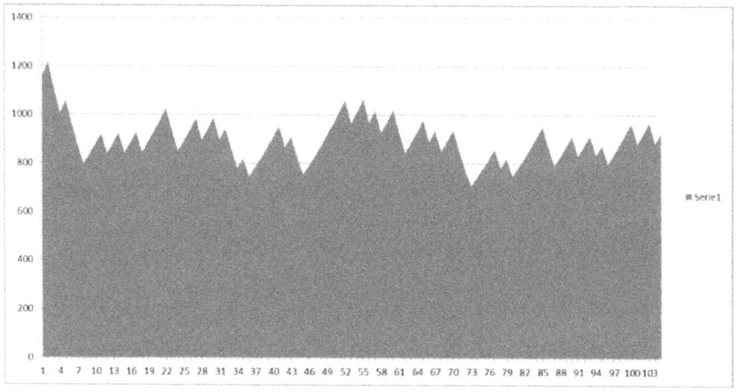

Figura 2: equity line con controllo del rischio assente o errata

Questo grafico è relativo allo **stesso numero e alla stessa tipologia** di operazioni del grafico di prima. È soltanto la diversa politica di gestione del rischio che ha reso un trading system inizialmente robusto un qualcosa di inqualificabile. Capisci ora perché insisto tanto su questo punto? Capisci perché voglio convincerti che la tecnica di per sé non costituisce la parte fondamentale del trading?

Voglio toglierti una curiosità: le equity line che hai appena visto, sono relative a un trading system la cui accuratezza è di circa il 60-65%. È chiaro, dunque, che non serve una strategia la cui accuratezza sfiori il 100%.

Trovare una strategia in cui il rischio sia controllato è sicuramente una scelta migliore: solo in questo modo puoi riuscire a creare una solida rendita e gestire una vera e propria attività finanziaria a tutti gli effetti.

Spero di averti tranquillizzato sull'inutilità di stressarti nel cercare trading system "magici" come quelli che spesso vengono pubblicizzati da abili marketer. Trova una strategia congeniale al tuo carattere e, con la disponibilità di tempo che hai, arricchiscila, se già non lo è, con tutti i concetti che stai imparando in questo corso: vedrai che la tua carriera nel Forex, grazie al tuo impegno e alla tua determinazione, produrrà senz'altro risultati degni di nota.

RIEPILOGO DEL CAPITOLO 2:

- SEGRETO n. 7: Il money management ti consente di essere fedele al grado di rischio che hai deciso di assumerti durante un trade.
- SEGRETO n. 8: Lo stop loss costituisce un'importante arma nell'arsenale di un trader professionista. Esso impedisce alle perdite di essere incontrollabili. Permette, inoltre, di decidere a priori la perdita massima che si è disposti a rischiare.
- SEGRETO n. 9: Lo stop loss deve essere fornito dalla propria strategia e non dal grado di rischio che si intende accettare. Sarà l'esposizione (numero di lotti) lo strumento con il quale regolare il tutto attraverso le regole del money management.
- SEGRETO n. 10: Una delle principali cause del fallimento di un trader è l'assenza di un rigoroso piano di money management e del controllo del rischio.

CAPITOLO 3:
Come scegliere il rapporto rischio-rendimento

Probabilmente non te ne sei accorto ma, con i primi capitoli, hai gettato delle basi estremamente efficienti per affrontare il trading in modo professionale.

Hai imparato **perché** controllare il rischio e **come fare**. Inoltre, hai capito come trasportare tutto questo in pratica, decidendo con quanti lotti entrare sul mercato secondo le caratteristiche del trade e del rischio al quale hai deciso di esporti. Ma c'è un ulteriore concetto, davvero importante, che si dimostrerà vincente, soprattutto se abbinato al controllo del rischio e al money management.

Si tratta del concetto di **rapporto rischio-rendimento** (risk-reward ratio o RR) che è definito come il rapporto tra la cifra che si sta rischiando e quella cui si sta mirando in termini di target (ossia la cifra che si potrebbe potenzialmente guadagnare).

Per esempio, supponi che la tua strategia ti esponga a un rischio di 50 dollari e ti permetta di vincere, in caso di raggiungimento del target, 100 dollari. In questo caso, il RR dell'operazione sarebbe di:

$$50\,USD : 100\,USD = 1 : 2$$

È possibile ragionare anche in termini di Pip. Se la tua strategia ti consiglia uno stop loss di 20 Pip a fronte di un target di 40 Pip, il RR sarà di:

$$20\,pip : 40\,pip = 1 : 2 = 0.5$$

In realtà questo approccio è valido se si ha un solo stop e un solo target, altrimenti i conti sono diversi. Questo accade, ad esempio, quando si hanno molteplici target a scalare in corrispondenza dei quali si chiude parte della posizione. Per questo, in via del tutto generale, è preferibile la prima definizione. Sono certo che stai percependo l'importanza di questo fattore che potrebbe risultare determinante per migliorare la tua operatività. In pratica, il risk-reward ratio ci dice **quanto sia conveniente un'operazione**.

SEGRETO n. 11: il rapporto rischio-rendimento rappresenta un parametro essenziale per stabilire la convenienza di un'operazione.

Appare evidente che **minore è il RR migliore è l'operazione**, in quanto la potenziale vincita è maggiore della potenziale perdita. Per capirsi, se , significa che il rischio che ti assumi è pari alla potenziale vincita (rischi 1 per vincere 1).

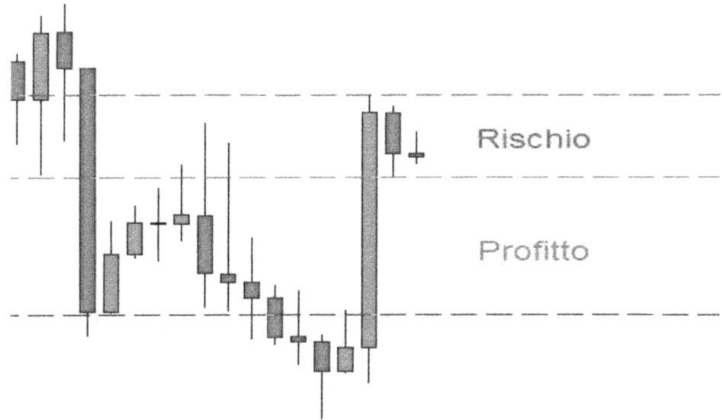

Figura 3: esempio di rischio-rendimento minore di 1 (rischio meno di quanto potrei guadagnare)

Se, invece, come nell'esempio di prima, , significa che stai rischiando la metà rispetto a quanto potresti vincere (rischi 1 per vincere 2).

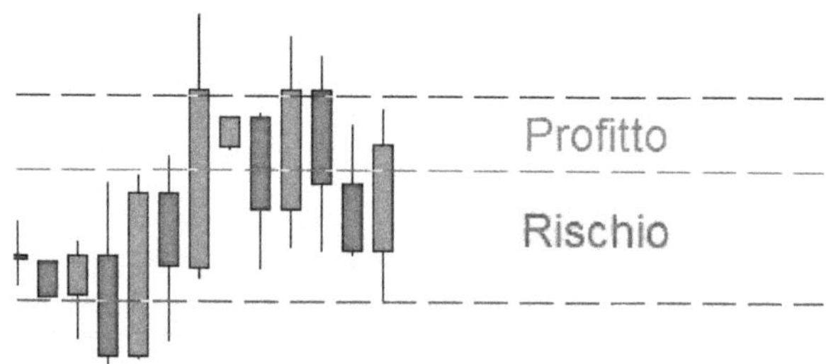

Figura 4: esempio di rischio-rendimento superiore a 1 (rischio più di quanto potrei guadagnare)

Supponi che un trading system sia profittevole nel 70% dei casi. Questo significa che, mediamente, perderai 3 trade e ne vincerai 7. Supponi inoltre che esso imponga una perdita massima di 50 dollari (in base a considerazioni legate al profilo di rischio) e che sia caratterizzato da un RR di 1:3.

Nei trade vincenti, quindi, si porteranno a casa 150 dollari (1:3) mentre in quelli perdenti si perderanno 50 dollari. In totale, dunque, si otterrà un guadagno medio di:

$$7 * 150 - 3 * 50 = 900 \, dollari$$

Supponi ora che lo stesso trading system sia profittevole per il 30% dei casi. In questo caso, perderai mediamente 7 trade e ne vincerai 3. Supponi inoltre di operare nelle stesse condizioni di prima (perdita massima di 50 dollari e RR = 1:3). Nei trade vincenti porterai a casa 150 dollari (1:3). Nonostante le pessimistiche premesse sul trading system (profittevole solo al 30%) otterrai comunque un guadagno di

$$3 * 150 - 7 * 50 = 100 \, dollari$$

Spero ti sia chiaro che, un opportuno RR è in grado di rendere profittevole anche un trading system che lo è poco in partenza.

SEGRETO n. 12: un adeguato rapporto rischio-rendimento consente di sostenere anche un trading system poco profittevole.

L'importanza del rapporto rischio-rendimento è essenziale.

Questo parametro si riflette sulla robustezza di un trading system. Non è difficile trovare in giro strategie caratterizzate da un'accuratezza del 60% (che permettono cioè di vincere mediamente 60 volte su 100 trade) ma comunque perdenti. Sembra un paradosso ma lascia che te lo dimostri.

Supponi di avere una strategia profittevole nel 60% dei casi e di lavorare con un RR di 2:1 (rischio 2 per cercare di guadagnare 1). Ipotizza inoltre una perdita potenziale di 50 dollari. In tal caso l'eventuale profitto sarà pari a 50/2=25 dollari. Infatti, dal momento che RR > 1, significa che stai rischiando più di quanto potresti vincere. Facendo i conti, dopo 10 trade, avrai totalizzato mediamente:

$$6 * 25 - 4 * 50 = -50 \; dollari$$

Quindi, anche se il trading system sembrerebbe profittevole (è vincente mediamente nel 60% dei casi), l'elevato RR con cui stai lavorando non lo rende tale.

Voglio farti vedere una tabella che esprime il numero di trade vincenti necessari per essere profittevoli nel lungo periodo in base al RR impostato.

Risk-Reward Ratio	# trade vincenti
10:1	90,9%
5:1	83,3%
2:1	66,7%
1,5:1	60%
1:1	50%
1:1,5	40%
1:2	33,3%
1:3	25%
1:5	20%

Tabella 6: % trade vincenti necessari in funzione del RR

Come puoi vedere, utilizzando un RR alto e maggiore di 1 (ossia rischi più di quanto potresti vincere) è necessaria un'alta percentuale di trade vincenti per essere almeno in pari. Ad esempio, un RR di 2:1 (ossia rischio 2 per vincere 1) richiede oltre il 66% dei trade vincenti solo per essere in pari. Viceversa, un RR basso e minore di 1 indica che stai rischiando meno di quanto potresti vincere. Questo significa che la percentuale di trade vincenti per essere almeno in pareggio, si abbassa notevolmente. Considerando un RR di 1:2 (rischi 1 per vincere 2) sono sufficienti 33 trade corretti su 100 per essere in pareggio. Ti faccio anche notare che un RR 1:1 richiede, ovviamente, il 50% di trade vincenti per essere in pareggio.

Hai imparato, dunque, alcuni concetti molto importanti. Un RR adeguato consente di rendere profittevole anche una strategia poco robusta e riduce, anche in modo importante, il numero di trade che devi vincere per essere profittevole nel lungo periodo. Inoltre, una scelta sbagliata del RR rischia di compromettere i risultati anche di un buon trading system.

SEGRETO n. 13: minore è il RR e minore è il numero di trade vincenti necessari per essere ancora profittevole.

A questo punto potresti pensare che, riducendo a dismisura il RR, il successo sia garantito. Questo, in realtà, non è sempre vero, perché sebbene un RR molto basso significhi che stai rischiando molto poco rispetto a quanto potresti vincere (e quindi sarebbero sufficienti, in linea teorica, pochissimi trade vincenti per essere comunque profittevole), è anche vero che questo si traduce nel fatto che lo stop loss è molto più vicino al prezzo di entrata di quanto non lo sia il target. Lasciami spiegare: supponiamo, per assurdo, di operare con un RR = 1:20. Questo significa che rischi 1 per portare a casa 20. Ragionando in termini di Pip, supponendo che il tuo stop loss sia fissato a 10 pip, questo si tradurrebbe nel fatto che il target sarà 20 volte maggiore, ossia sarà di $10 * 20 = 200\, pip$.

Risulta evidente che la probabilità che il prezzo colpisca il tuo stop loss è nettamente maggiore rispetto a quella per cui possa colpire il tuo target. Non trovi?

SEGRETO n. 14: abbassare troppo il RR rende statisticamente meno probabile restare profittevoli.

Quindi, è opportuno scegliere un **valore adeguato del RR** per tenere conto anche di **fattori statistici e probabilistici**. Non posso darti una risposta univoca perché la scelta del RR dipende da molti fattori ed è, per certi versi, discrezionale. Posso però suggerirti alcune linee guida accettate da molti trader. Ad esempio, nel caso di operazioni **trend-following** è possibile mirare a un RR di 1:2 o 1:3 e oltre, perché stai aprendo posizioni a favore di trend. Quando stai operando in un mercato in range (laterale), potresti accontentarti di un rapporto minore, diciamo 1:1,5.

Nel caso di operazioni contro trend, un RR di 1:1 (o anche qualcosa in meno) è adeguato giacché il rintracciamento del prezzo potrebbe essere modesto.

Comunque sia, non preoccuparti troppo perché sarai in grado, con un po' di esperienza, di valutare caso per caso e decidere che tipo di operazione aprire e se tale operazione possa essere conveniente o meno. In linea del tutto generale, **prima di aprire una posizione**, sarebbe opportuno che tu ti accertassi che il RR sia adeguato al contesto.

Ora voglio discutere brevemente con te un concetto che ti capiterà molto spesso di sentire su forum o su siti specializzati. Ci sono alcune tecniche che prevedono l'impostazione di diversi target per singola operazione, in corrispondenza dei quali viene chiusa parte

della posizione. Facciamo un esempio.
Spesso si sente parlare di trading system che prevedono uno stop loss e due o tre target. Ipotizziamo che questo trading system preveda uno stop loss di 100 Pip e tre target, posizionati rispettivamente a 100, 200 e 300 Pip dal prezzo di entrata, ossia il prezzo con cui hai aperto le posizioni. Talvolta, chi descrive questo genere di strategie, spiega che i target sono posizionati rispettivamente alla stessa distanza dello stop loss, a una distanza doppia e a una distanza tripla.

Purtroppo, la conclusione tratta è, molto spesso, che il raggiungimento del terzo target permetterebbe di toccare un rapporto rischio-rendimento pari a 1:3 (ho guadagnato tre volte quanto ho rischiato).

Le cose non stanno così e voglio dimostrartelo perché devi comprendere che la suddivisione del trade in molteplici target **aumenta il RR con conseguente peggioramento delle prestazioni del sistema**. Senza contare che target più distanti sono anche **più difficili da raggiungere**, e perciò statisticamente meno probabili. Il consiglio è, dunque, di non suddividere troppo i target. Io solitamente opero con un solo target in modo da conoscere precisamente il RR e da non dover gestire troppo l'operazione. Al massimo, lavoro con due target. Lasciami dimostrare la mia affermazione.

Ipotizza di avere una strategia come quella di cui sopra. Avrai uno stop loss di 100 Pip e tre target posizionati, rispettivamente, a 100, 200 e 300 Pip rispetto al prezzo di entrata. Supponi ora di chiudere il 50% della posizione al raggiungimento del primo target, il 30% al raggiungimento del secondo e il 20% del terzo. Cosa pensi che accada al RR effettivo? Scopriamolo insieme. Potremo fare importanti considerazioni.

Ragioniamo in termini di Pip. Potremmo ragionare anche in termini di valuta ma il risultato sarebbe lo stesso. Tu hai rischiato 100 Pip e hai portato a casa un numero di Pip netti pari a:

$$100 * 50\% + 200 * 30\% + 300 * 20\% = 50 + 60 + 60 = 170$$

È probabile che ti aspettassi un per come erano impostati i target.

Semplici calcoli, invece, ti hanno fatto scoprire che hai portato a casa soltanto 170 Pip netti e non 300 come potresti pensare. Il rapporto rischio-rendimento dell'operazione risulta dunque:

$$RR = 100{:}\,170 = 1{:}\,1.7$$

Abbiamo imparato che la chiusura parziale della posizione, man mano che i target vengono raggiunti, produce un aumento progressivo del RR con conseguente peggioramento del risultato finale. Il degradamento che il RR ha subito a causa dei target multipli è evidente.

Per questo valgono i consigli che ti ho dato in precedenza. Se poi volessi comunque operare con target multipli, la mia esperienza mi consiglia di dirti che, poiché i target più vicini sono anche quelli che hanno maggiori probabilità di essere raggiunti dal prezzo, è opportuno chiudere la maggior parte dell'operazione (diciamo il 50-70%) al raggiungimento del primo target e il restante sul secondo.

In molti casi si ha l'abitudine di chiudere parte della posizione al raggiungimento del primo e del secondo target, spostare lo stop loss a prezzo di entrata per rendere il trade privo di rischi, e lasciar correre l'operazione fino a che un certo segnale non consigli di chiuderla completamente.

Nella mia esperienza preferisco impostare target precisi, anche perché una volta chiusa la maggior parte della posizione al centramento del primo target e del secondo, la porzione di trade ancora aperta è talmente esigua da non giustificare il mantenimento dell'operazione.

Ovviamente questa è la politica che seguo durante la *mia* attività di trading. Nulla vieta che tu possa trovare migliore un approccio piuttosto che un altro. Sarà l'esperienza sul campo a suggerirti come muoverti nei vari contesti. E vedrai che, con il tempo, l'esperienza rappresenterà una delle armi più importanti del tuo arsenale di trader.

SEGRETO n. 15 : l'impostazione di target multipli aumenta il rapporto rischio-rendimento, rendendo l'operazione meno profittevole di quanto non si potrebbe pensare.

Riassumendo tutto sin qui detto e mettendo insieme tutti i concetti che abbiamo trattato, abbiamo scoperto che la combinazione di un opportuno piano di money management con una scelta intelligente e razionale del RR, permette di preservare il conto anche a fronte di diverse perdite consecutive.

Questo è vero perché il rischio è limitato e gli eventuali profitti sono, generalmente, superiori alle eventuali perdite. Volendo ipotizzare una "ricetta" per restare profittevoli nel lungo periodo, si potrebbe riflettere su alcune considerazioni da prendere, evidentemente, soltanto come linee guida e non come verità assolute.

In pratica, banalmente, per ottenere risultati costanti e positivi, potrebbe essere sufficiente:

- limitare il **numero** delle perdite, scegliendo un trading system con un buon livello di accuratezza (*da solo questo approccio non è sufficiente perché poche grandi perdite potrebbero azzerare comunque il conto*);
- limitare **l'ammontare** delle perdite, scegliendo un profilo di rischio adeguato (*non basta*: *le perdite potrebbero essere più*

numerose dei profitti o, comunque, superare mediamente i profitti stessi);

- fare in modo che gli eventuali profitti siano **mediamente superiori** alle eventuali perdite, utilizzando un rapporto rischio-rendimento opportuno *(in tal modo il proprio trading system è fortemente al riparo da eventi di perdita consecutivi e può diventare facilmente profittevole sul lungo periodo).*

Come puoi vedere, ho cercato di riassumere in modo schematico come l'unione dei concetti fin qui esposti sia alla base di una operatività che può protrarsi in futuro e diventare un vero e proprio business. Cerca di fare tuoi questi concetti, applicali con costanza, con determinazione e con impegno e vedrai che i risultati non si faranno attendere.

RIEPILOGO DEL CAPITOLO 3:

- SEGRETO n. 11: Il rapporto rischio-rendimento rappresenta un parametro essenziale per stabilire la convenienza di un'operazione.
- SEGRETO n. 12: Un adeguato rapporto rischio-rendimento consente di sostenere anche un trading system poco profittevole.
- SEGRETO n. 13: Minore è il RR, minore è il numero di trade vincenti necessari per essere ancora profittevole.
- SEGRETO n. 14: Abbassare troppo il RR rende statisticamente meno probabile restare profittevoli.
- SEGRETO n. 15: L'impostazione di target multipli aumenta il rapporto rischio-rendimento, rendendo l'operazione meno profittevole di quanto non si potrebbe pensare.

CAPITOLO 4:
Come considerare il trading in prospettiva

Come ti ho detto all'inizio, il Forex rappresenta un'attività straordinaria per tutta una serie di motivi. Sotto certi punti di vista, può diventare anche la tua attività principale o, comunque, uno strumento per aggiungere euro preziosi al portafoglio. Ma, a meno che tu non disponga di un capitale di partenza piuttosto alto, raggiungere risultati importanti, in termini economici, potrebbe richiedere del tempo.

Ma c'è un fattore che ci aiuta in maniera fantastica. Sto parlando dell'**interesse composto (compounding).** Devi sapere, infatti, che, anche partendo da un conto modesto, se tu fossi in grado di essere profittevole in modo consistente, i guadagni potrebbero diventare letteralmente esplosivi.

La chiave, dunque, è **essere consistenti**, ossia guadagnare costantemente, anche poco, non importa. Come ti sto per spiegare, l'interesse composto lavorerà per te. Come sempre, voglio farti un esempio pratico in modo che tu possa capire bene di cosa sto parlando e quali sono gli obiettivi cui puoi mirare impegnandoti nel tempo.

Supponi di partire con un conto di 1.000 dollari. Supponi che il tuo obiettivo mensile sia soltanto del 5%. Si tratta di un risultato piuttosto semplice da raggiungere, utilizzando ovviamente la corretta tecnica e una gestione sistematica del rischio.

Ti starai domandando che senso possa avere puntare a guadagnare il 5% di 1.000 dollari al mese, dal momento che si tratta di 50 "miseri" dollari. Bene, questo è un caso limite ovviamente, ma guarda, nelle tabelle che ti mostrerò più avanti, cosa accade se facciamo l'ipotesi di non fare prelevamenti dal conto.

E guarda anche cosa accade nel caso in cui tu riuscissi a portare costantemente a casa un 8% al mese. Tieni conto del fatto che il mio scopo non è impressionarti con cifre astronomiche, piuttosto farti capire che la chiave di tutto consiste nell'**essere profittevoli nel tempo**, anche poco, non importa.

SEGRETO n. 16: uno degli aspetti più importanti del trading è la consistenza, ossia la capacità di guadagnare costantemente, anche poco.

È possibile guadagnare somme da capogiro rischiando poco. Anzi, in linea generale, potresti decidere di ridurre il rischio man mano che il conto cresce.

PROIEZIONE ACCOUNT

5,0% al mese

Account iniziale $1.000

Mese	Profitto	Account	Mese	Profitto	Account	Mese	Profitto	Account
1	€ 0,00	$1.000	25	$154	$3.225	49	$495	$10.401
2	$50	$1.050	26	$161	$3.386	50	$520	$10.921
3	$53	$1.103	27	$169	$3.556	51	$546	$11.467
4	$55	$1.158	28	$178	$3.733	52	$573	$12.041
5	$58	$1.216	29	$187	$3.920	53	$602	$12.643
6	$61	$1.276	30	$196	$4.116	54	$632	$13.275
7	$64	$1.340	31	$206	$4.322	55	$664	$13.939
8	$67	$1.407	32	$216	$4.538	56	$697	$14.636
9	$70	$1.477	33	$227	$4.765	57	$732	$15.367
10	$74	$1.551	34	$238	$5.003	58	$768	$16.136
11	$78	$1.629	35	$250	$5.253	59	$807	$16.943
12	$81	$1.710	36	$263	$5.516	60	$847	$17.790
13	$86	$1.796	37	$276	$5.792	61	$889	$18.679
14	$90	$1.886	38	$290	$6.081	62	$934	$19.613
15	$94	$1.980	39	$304	$6.385	63	$981	$20.594
16	$99	$2.079	40	$319	$6.705	64	$1.030	$21.623
17	$104	$2.183	41	$335	$7.040	65	$1.081	$22.705
18	$109	$2.292	42	$352	$7.392	66	$1.135	$23.840
19	$115	$2.407	43	$370	$7.762	67	$1.192	$25.032
20	$120	$2.527	44	$388	$8.150	68	$1.252	$26.283
21	$126	$2.653	45	$407	$8.557	69	$1.314	$27.598
22	$133	$2.786	46	$428	$8.985	70	$1.380	$28.978
23	$139	$2.925	47	$449	$9.434	71	$1.449	$30.426
24	$146	$3.072	48	$472	$9.906	72	$1.521	$31.948

PROIEZIONE ACCOUNT

8,0% al mese

Account iniziale $1.000

Mese	Profitto	Account	Mese	Profitto	Account	Mese	Profitto	Account
1	€ 0,00	$1.000	25	$470	$6.341	49	$2.979	$40.211
2	$80	$1.080	26	$507	$6.848	50	$3.217	$43.427
3	$86	$1.166	27	$548	$7.396	51	$3.474	$46.902
4	$93	$1.260	28	$592	$7.988	52	$3.752	$50.654
5	$101	$1.360	29	$639	$8.627	53	$4.052	$54.706
6	$109	$1.469	30	$690	$9.317	54	$4.376	$59.083
7	$118	$1.587	31	$745	$10.063	55	$4.727	$63.809
8	$127	$1.714	32	$805	$10.868	56	$5.105	$68.914
9	$137	$1.851	33	$869	$11.737	57	$5.513	$74.427
10	$148	$1.999	34	$939	$12.676	58	$5.954	$80.381
11	$160	$2.159	35	$1.014	$13.690	59	$6.430	$86.812
12	$173	$2.332	36	$1.095	$14.785	60	$6.945	$93.757
13	$187	$2.518	37	$1.183	$15.968	61	$7.501	$101.257
14	$201	$2.720	38	$1.277	$17.246	62	$8.101	$109.358
15	$218	$2.937	39	$1.380	$18.625	63	$8.749	$118.106
16	$235	$3.172	40	$1.490	$20.115	64	$9.448	$127.555
17	$254	$3.426	41	$1.609	$21.725	65	$10.204	$137.759
18	$274	$3.700	42	$1.738	$23.462	66	$11.021	$148.780
19	$296	$3.996	43	$1.877	$25.339	67	$11.902	$160.682
20	$320	$4.316	44	$2.027	$27.367	68	$12.855	$173.537
21	$345	$4.661	45	$2.189	$29.556	69	$13.883	$187.420
22	$373	$5.034	46	$2.364	$31.920	70	$14.994	$202.413
23	$403	$5.437	47	$2.554	$34.474	71	$16.193	$218.606
24	$435	$5.871	48	$2.758	$37.232	72	$17.489	$236.095

Tabella 7: effetti dell'interesse composto nel tempo

Nell'esempio del 5%, dopo due anni (24 mesi), sul conto avresti

3.072 dollari. Dopo quattro anni, 9.906 dollari. Dopo sei anni, 31.948 dollari. Ti sembra poco? Fai un conto del guadagno percentuale: dovrai trattenerti dalle emozioni.

Chiaramente, come detto, sto facendo l'ipotesi che non prevede prelevamenti nel tempo. Ovviamente, nella pratica, le cose saranno diverse ma il senso del discorso resta lo stesso. Voglio farti vedere, ora, cosa accade partendo da un conto più concreto, diciamo 15.000 dollari.

Tieni conto che stiamo mirando agli stessi risultati percentuali mensili del caso precedente. Ma guarda in che modo cambiano i risultati. Non ti sembra fantastico l'effetto che l'interesse composto può apportare alla tua attività di trading?

PROIEZIONE ACCOUNT

5,0% al mese

Account iniziale $15.000

Mese	Profitto	Account	Mese	Profitto	Account	Mese	Profitto	Account
1	€ 0,00	$15.000	25	$2.304	$48.376	49	$7.429	$156.019
2	$750	$15.750	26	$2.419	$50.795	50	$7.801	$163.820
3	$788	$16.538	27	$2.540	$53.335	51	$8.191	$172.011
4	$827	$17.364	28	$2.667	$56.002	52	$8.601	$180.612
5	$868	$18.233	29	$2.800	$58.802	53	$9.031	$189.642
6	$912	$19.144	30	$2.940	$61.742	54	$9.482	$199.124
7	$957	$20.101	31	$3.087	$64.829	55	$9.956	$209.080
8	$1.005	$21.107	32	$3.241	$68.071	56	$10.454	$219.534
9	$1.055	$22.162	33	$3.404	$71.474	57	$10.977	$230.511
10	$1.108	$23.270	34	$3.574	$75.048	58	$11.526	$242.037
11	$1.163	$24.433	35	$3.752	$78.800	59	$12.102	$254.139
12	$1.222	$25.655	36	$3.940	$82.740	60	$12.707	$266.846
13	$1.283	$26.938	37	$4.137	$86.877	61	$13.342	$280.188
14	$1.347	$28.285	38	$4.344	$91.221	62	$14.009	$294.197
15	$1.414	$29.699	39	$4.561	$95.782	63	$14.710	$308.907
16	$1.485	$31.184	40	$4.789	$100.571	64	$15.445	$324.352
17	$1.559	$32.743	41	$5.029	$105.600	65	$16.218	$340.570
18	$1.637	$34.380	42	$5.280	$110.880	66	$17.029	$357.599
19	$1.719	$36.099	43	$5.544	$116.424	67	$17.880	$375.478
20	$1.805	$37.904	44	$5.821	$122.245	68	$18.774	$394.252
21	$1.895	$39.799	45	$6.112	$128.357	69	$19.713	$413.965
22	$1.990	$41.789	46	$6.418	$134.775	70	$20.698	$434.663
23	$2.089	$43.879	47	$6.739	$141.514	71	$21.733	$456.396
24	$2.194	$46.073	48	$7.076	$148.590	72	$22.820	$479.216

PROIEZIONE ACCOUNT

8,0% al mese

Account iniziale $15.000

Mese	Profitto	Account	Mese	Profitto	Account	Mese	Profitto	Account
1	€ 0,00	$15.000	25	$7.046	$95.118	49	$44.678	$603.139
2	$1.200	$16.200	26	$7.609	$102.727	50	$48.251	$651.411
3	$1.296	$17.496	27	$8.218	$110.945	51	$52.113	$703.524
4	$1.400	$18.896	28	$8.876	$119.821	52	$56.282	$759.806
5	$1.512	$20.407	29	$9.586	$129.407	53	$60.784	$820.591
6	$1.633	$22.040	30	$10.353	$139.759	54	$65.647	$886.238
7	$1.763	$23.803	31	$11.181	$150.940	55	$70.899	$957.137
8	$1.904	$25.707	32	$12.075	$163.015	56	$76.571	$1.033.708
9	$2.057	$27.764	33	$13.041	$176.056	57	$82.697	$1.116.404
10	$2.221	$29.985	34	$14.084	$190.141	58	$89.312	$1.205.717
11	$2.399	$32.384	35	$15.211	$205.352	59	$96.457	$1.302.174
12	$2.591	$34.975	36	$16.428	$221.780	60	$104.174	$1.406.348
13	$2.798	$37.773	37	$17.742	$239.523	61	$112.508	$1.518.856
14	$3.022	$40.794	38	$19.162	$258.684	62	$121.508	$1.640.364
15	$3.264	$44.058	39	$20.695	$279.379	63	$131.229	$1.771.594
16	$3.525	$47.583	40	$22.350	$301.729	64	$141.727	$1.913.321
17	$3.807	$51.389	41	$24.138	$325.868	65	$153.066	$2.066.387
18	$4.111	$55.500	42	$26.069	$351.937	66	$165.311	$2.231.698
19	$4.440	$59.940	43	$28.155	$380.092	67	$178.536	$2.410.234
20	$4.795	$64.736	44	$30.407	$410.500	68	$192.819	$2.603.052
21	$5.179	$69.914	45	$32.840	$443.340	69	$208.244	$2.811.296
22	$5.593	$75.508	46	$35.467	$478.807	70	$224.904	$3.036.200
23	$6.041	$81.548	47	$38.305	$517.111	71	$242.896	$3.279.096
24	$6.524	$88.072	48	$41.369	$558.480	72	$262.328	$3.541.424

Tabella 8: effetto dell'interesse composto nel caso di 15.000 dollari di conto iniziale

Dalla tabella, ti puoi rendere conto, per esempio, che da un conto di 15.000 dollari puoi ricavare 558.480 dollari in quattro anni, se ti poni come obiettivo l'8% al mese. E, ti assicuro, non si tratta di un obiettivo impossibile da raggiungere.

Ti faccio notare che in questo esempio, sempre puntando all'8%, il profitto mensile che potresti sperimentare (dopo quattro anni) sarebbe di oltre 44.000 dollari. Quale lavoro può darti uno stipendio simile?

SEGRETO n. 17: l'interesse composto è uno strumento molto efficace per un investimento di medio/lungo periodo. Consente di raggiungere risultati straordinari a fronte di un rischio modesto e di un conto iniziale anche piccolo.

Il concetto l'hai capito sicuramente. Non devi affannarti a portare a casa risultati eccezionali. L'importante è che tu ti metta in condizioni di operare con un trading system adeguato, che contempli un'ottima gestione del rischio e una serrata politica di money management. Fissa **obiettivi realistici** e vedrai che il trading diventerà una professione da sogno.

Da quanto ci siamo detti fin qui, traspare un'importante verità che mi sento di voler sottolineare ancora più chiaramente: i risultati sono possibili solamente se hai intenzione di dedicare seriamente impegno, determinazione e se disponi delle giuste strategie. Con queste armi al tuo seguito, potrai raggiungere i tuoi obiettivi e scoprire quanto il mondo del Forex possa essere entusiasmante e coinvolgente al tempo stesso.

SEGRETO n. 18: per ottenere risultati sono necessari impegno, determinazione e le giuste strategie. Disponendo di queste armi, avrai la possibilità di perseguire importanti obiettivi.

RIEPILOGO DEL CAPITOLO 4:

- SEGRETO n. 16: Uno degli aspetti più importanti del trading è la consistenza, ossia la capacità di guadagnare costantemente, anche poco.
- SEGRETO n. 17: L'interesse composto è uno strumento particolarmente efficace per un investimento di medio/lungo periodo. Consente di raggiungere risultati straordinari a fronte di un rischio modesto e di un conto iniziale anche piccolo.
- SEGRETO n. 18: Per ottenere risultati sono necessari impegno, determinazione e le giuste strategie. Disponendo di queste armi, si ha la possibilità di perseguire importanti obiettivi.

Conclusione

Questo corso termina qui. Non ho la pretesa di aver sviscerato il tema del rischio e del money management in modo completo. Il mio obiettivo, sin dall'inizio, è stato quello di farti scoprire un focus diverso, che ti consenta, da oggi in avanti, di disporre di conoscenze tali da permetterti di raggiungere risultati anche molto importanti, per la tua serenità e per quella della tua famiglia.

Abbiamo scoperto insieme come l'applicazione delle giuste strategie per la gestione del proprio capitale possa fare la differenza durante il corso della propria attività. Non è stato poi così difficile confrontare direttamente due punti di vista, particolarmente diversi tra loro. Hai sicuramente capito come una gestione meticolosa del rischio possa avere ripercussioni dirette sull'andamento del proprio capitale.

Abbiamo fatto la conoscenza anche di un caro amico, l'interesse composto che, silenziosamente, ma instancabilmente, lavora per noi per incrementare il nostro saldo. Di tutti i concetti presentati in questo corso, quello che riveste davvero molta importanza è sicuramente il rapporto rischio-rendimento, un parametro capace di rendere profittevole anche una strategia non particolarmente efficiente.

Il trading va inquadrato come un'attività professionale a tutti gli effetti. Come ogni cosa, ha i suoi pregi e i suoi difetti. Ma, se dovessi sottolineare un aspetto che maggiormente mi attrae, direi che pone continuamente il trader nella condizione di dover studiare se stesso per comprendere le proprie potenzialità e, perché no, i propri naturali limiti. Spero vivamente di averti trasmesso il concetto che, seguendo un piano ben strutturato, potrai essere in grado di avere tutte le carte in regola per fare bene.

Cerca di far tesoro degli strumenti fin qui appresi e costruisci il tuo business plan in modo tale da poter raggiungere, nel tempo, risultati che non avresti immaginato. Adesso non resta altro da fare che parlare con te stesso e intraprendere la strada del successo contando su un punto di vista completamente rinnovato. Sì, perché anche la psicologia riveste un ruolo essenziale nell'attività del trader. Operare con il corretto grado di rischio ci mette al riparo anche dallo stress e dal nervosismo, due acerrimi nemici in ogni forma di investimento. Quindi metti in pratica le nozioni apprese in questo corso, e scopri sin da subito quanto la tua operatività ne verrà positivamente influenzata.